つくってたべよう！
お料理マジック

監修　村上祥子（料理研究家・管理栄養士）

＊おねがい　この本にのっているお料理をつくるときは、かならず大人といっしょにつくりましょう。とくに刃物や火をつかうときは、じゅうぶんにきをつけてください。

もくじ

お料理(りょうり)マジック

4〜7 　さとうマジック
　　　　くだものあめ

8〜11 　チョコレートマジック
　　　　チョコでおえかき

12〜15 　くだものマジック
　　　　2ふんでジャムやさん

16〜19 　ゼラチンマジック
　　　　てづくりグミ

20〜23 　マシュマロマジック
　　　　マシュマロおばけ
　　　　マシュマロクッキー

24〜26 　やさい&くだものマジック
　　　　ぱりぱりチップス

27〜29 　とうもろこしマジック
　　　　ぽこぽこポップコーン

30〜31 　こむぎこマジック
　　　　マフィンのぼうしやさん

32〜33 　たまごマジック
　　　　もくもくプリン

34〜35 　たまごマジック
　　　　ゆでたまごのおめめ

36〜37 　じゃがいもマジック
　　　　ポテトおもち

38〜39 　ぎゅうにゅうマジック
　　　　てづくりチーズ

40〜43 　生クリームマジック
　　　　てづくりバター

44〜45 　ドリンクマジック
　　　　まざらないのみもの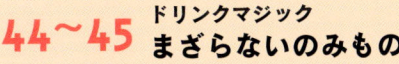

46〜47 　こう茶マジック
　　　　色がかわるこう茶

48〜49 　メレンゲマジック
　　　　うさちゃんぷっかりメレンゲティー

50〜51 　メレンゲマジック
　　　　メレンゲジュース

52〜53 　ウィンナーマジック
　　　　おどれたこくん

54〜55 　パンのマジック
　　　　パンのおかお

56〜57 　さつまいもマジック
　　　　スィートポテト

58〜61 　塩のマジック
　　　　てづくりアイス

62〜63 　やさいマジック
　　　　やさいでつけもの

64　　　監修者紹介
　　　　かんしゅうしゃしょうかい

＊つかうもの

バナナ　1本
（皮をむく。2cmの長さに切る。）

イチゴ　4個

キウイ　1個
（皮をむいて
はば1cmのわ切り）

みかん　1個
（皮をむく。）

砂糖　1/2カップ　　水　大さじ1杯

＊つくりかた

1
お湯は指を
つけることが
できるくらいの
あつさでね。

ボウルにお湯2カップをそそいでおく。

2

バナナ、イチゴ、キウイは
下ごしらえをして、くしにさす。

3
スプーンなどで
まぜないこと。

耐熱ボウルに、砂糖を入れ、水を
くわえる。電子レンジ600Wに2〜3分
（500W　3〜4分）かける。

4

あわがこまかくなって、うっすらと
色がつきかけたら、かわいたタオルなどで
耐熱ボウルをもってとり出してゆする。

5
これはあめが
あつくなりすぎたり、
さめたり
しないためです。

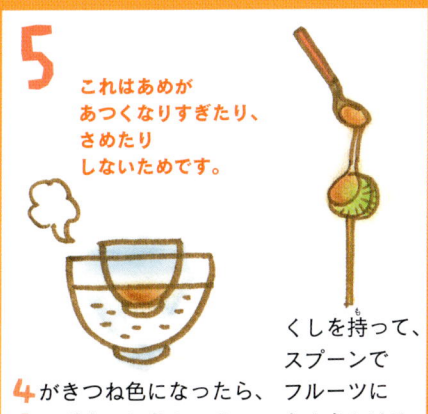

4がきつね色になったら、
1のボウルにうかべる。

くしを持って、
スプーンで
フルーツに
あめをかける。

6

クッキングシートやアルミホイルを
しいて5をならべ…

あめが
かたまったら
お皿へもる。

砂糖はこんなにすごい！

砂糖はご飯と同じ糖質（炭水化物）で、体の中で、健康的に活動するエネルギーのもとになります。砂糖はすぐに体の中にとりこまれるので、つかれたときに食べるとつかれがとれます。脳や体の神経がうまくはたらくようにもしてくれるのです。ただ、食べすぎると太ってしまうこともありますので気をつけましょう。

砂糖を水にとかして、あたためるとどうなる？

砂糖をたくさん水にとかして、レンジで加熱すると、温度が上がります。
１００℃になると、水分だけが蒸発をはじめます。
それぞれの温度で、砂糖水は、形や色が変化していきます。

ためしてみよう

110℃
とうめいで
とろっとしている。
（シロップ）

160℃
茶色になった。
（あめ）

190℃
こげ茶色になった。
（カラメル）

とかしたチョコレートでえがかけるよ！
食(しょく)パンにフォークやわりばしでかいてみよう。

チョコでおえかき

とけたチョコに、ひやしたいちごやバナナをくっつけたら、

チョコがひえて、かたまっておいしくなるよ。

チョコのかみ

ミルクチョコレート　50g

アイスクリーム

✳つくりかた

1 紙コップにチョコレートをわって入れる。

2 電子レンジ600Wで1分加熱する。
（500Wは1分10秒）

3 紙コップの中でどろどろになったチョコをアイスにかける。

イエーイ！

わたしのかみはどうかしら

！チョコレートはこんなにすごい！

チョコレートの中には、
「カカオマスポリフェノール」という栄養素がふくまれています。
「カカオマスポリフェノール」のはたらきには
１：気持ちをリラックスさせる。
２：がんや老化（年老いてしまうこと）をふせぐ。
３：チョコレートの香りは、ものをおぼえたり、集中しやすくしてくれる。
（つまり、勉強するときにすこし食べるといいのです。）
などがあります。ただ食べすぎると太ったり虫歯になることもあるので、おやつていどにいただきましょう。

？チョコレートはどうしてとけたり、かたまったりするの？

チョコレートのとける温度は
３５℃です。
また固まる温度は３２℃です。
２、３℃の少しの温度の差でとけたり、固まったりする性質をもっているのでこのようにいろいろな形のチョコをつくることができるのです。

＊チョコのとかしかた

1 耐熱ボウルにチョコレート50gを入れて、ラップをする。

2 電子レンジ600Wで３０秒〜４０秒加熱する。とりだしてまぜてとかす。

2ふんでジャムやさん

イチゴをレンジでチンすると…ジャムにへんしん！

※ つかうもの…でき上がり 1カップ分

イチゴ 100g

砂糖 50g

レモン汁 大さじ1杯

※ つくりかた

1
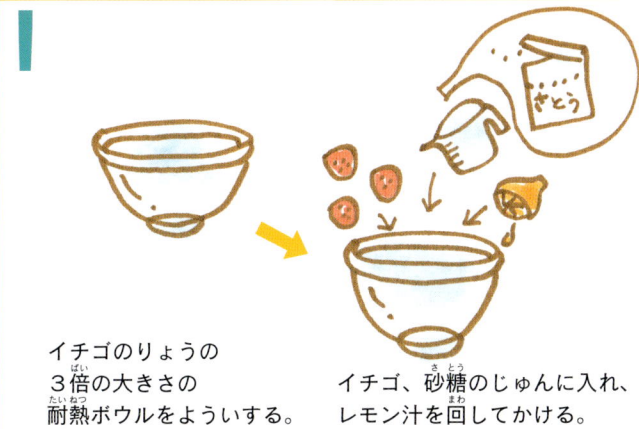
イチゴのりょうの3倍の大きさの耐熱ボウルをよういする。
イチゴ、砂糖のじゅんに入れ、レモン汁を回してかける。

2

両はしをすこしあけてラップをして、電子レンジ600Wに2分（500W2分20秒）かける。

3

とり出して、木ベラでまぜる。

4

3をラップをしないで、電子レンジ600Wに6分かける。
（500Wの時は7分10秒）

✱ ためしてみよう

バナナ 1.5本

キウイ 1個

イチゴ 100g

ブルーベリー 3/4カップ

オレンジ 1/2個
(皮ごときざんでつかう)

リンゴ 1/2個
(皮をむいてきざむ)

それぞれに
砂糖 50gと
レモン汁 大さじ1杯入れる

みんなジャムになっちゃう！

? どうして、くだものがジャムになるの？

イチゴやキウイやバナナを切って、砂糖をくわえて加熱すると、果物の中の水分がたくさんとけてでてくるよ。
レモン汁もくわえて加熱すると、レモンのすっぱさと砂糖が、果物の水分にとけているペクチンをゼリー状にとろ～りとしてくれるよ。これがジャムなのです。

！ くだものはこんなにすごい！

果物の中には、ビタミンCがたくさんふくまれています。ビタミンCはコラーゲンができやすくする働きがあり、お肌にとてもよいといわれています。またたんぱく質を体の中に吸収するときに力をかしてくれます。ストレスに対しての免疫力と抵抗力を強くしてくれます。病気などをおこす病原菌やウイルスにも強くなるよう、助けてくれる栄養素なので、風邪をひいた時やけがをした時などに、多くとるとよいといわれています。

＊つかうもの…直径2.5〜3cmのもの　10個分

粉ゼラチン　10g

＋

すきなジュース
大さじ2杯

＊つくりかた

1
紙コップにジュースを入れる。

2
ゼラチンをくわえ、はしでよくまぜて5分おく。
電子レンジ強(600Wも500Wも)に30秒かける。

3
小さいケースにながす。

4
冷蔵庫でひやしかためる。

17

✴ ためしてみよう

いろんなジュースでグミをつくってみよう！

✴ あそんでみよう

できあがったグミを、 もういちどあたためると… とけちゃった！

もういちどひやしたら、どうなるかな？

チン

ゼラチンはこんなにすごい！

ジュースがぷよぷよのグミになったのは、「ゼラチン」のしわざです。
このゼラチンは、液体を固める性質をもっています。
ゼラチンは、牛やぶたなどの皮にふくまれているタンパク質を
煮てとかして作られます。この中には、「コラーゲン」が入っています。
「コラーゲン」はそのままでは吸収しにくいのですが、
ゼラチンにして、煮てとかして食べると、
次のようなよいことがあります。

1：爪やひふ、髪を健康的にする。
2：骨や関節を強くする。
3：けがなどをはやくなおるようにする。

マシュマロおばけ

ウヒヒ

オホホ

ニョニョニョ

✳ ざいりょう

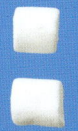       

マシュマロ　コーンフレーク　スプレーチョコ　ココア　ムギチョコ　ドライチェリー

＊つくりかた

1 大きな耐熱ボウルに
マシュマロと
コーンフレークを入れて
1分くらいレンジで加熱する。

2 マシュマロが
とけてくるので、

3 わりばしに
くっつけて、
形をととのえる。

4 いろいろな
トッピングをつけて、
マシュマロおばけの
できあがり。

レンジでチンすると
マシュマロは…
こんなに
のびーる！

ヤッホー

よいしょ

おーい

マシュマロクッキー

レンジでチンすると… パフ

＊つかうもの…2人分

　　クッキー　4枚　　　　　マシュマロ（大きいもの）2個　　ベビーチョコ　4個

✳︎つくりかた

1. マシュマロにはしで穴を2個あけて、ベビーチョコをうめこむ。

2. お皿にクッキーを1枚のせて、をのせる。

3. 電子レンジのターンテーブルのはしにお皿をおく。
ターンテーブルがないレンジのときはまん中におこう。

4. 電子レンジ（600Wも500Wも）20秒から30秒、マシュマロが2倍にふくれるまで加熱する。

5. とりだして、上からもう1枚クッキーをのせて、はさむ。

? どうして マシュマロの形がかわるの？

マシュマロは卵白やゼラチンに砂糖などを加えてつくられたものです。
この卵白やゼラチンが、マシュマロをふくらませたり、のばしたりするのです。

* つかうもの

リンゴ　　れんこん　　じゃがいも　　にんじん　　小松菜

* つくりかた

1 （りんごのばあい）
皮がついたまま、スライサーなどで、はば2〜3mmに切る。

2 クッキングシートにならべて、電子レンジで600Wも500Wも3〜4分加熱する。

3 かんそうさせて、できあがり。

他のざいりょうでもやってみよう。
小松菜はそのままでチンする。
れんこんやじゃがいもは
うすく切ってチンしよう。

？ どうして、チップスになったの？

うすく切ったリンゴを電子レンジでチンすると、リンゴの中の水分が水じょう気となって、たくさん出ていき、リンゴはかんそうします。しばらくおくと、のこった水分もなくなり、かたくなって、リンゴチップスになるのです。

野菜はこんなにすごい！

野菜はビタミンやミネラルをたくさんふくんでいます。

にんじんに多いβ-カロテンは体の中でビタミンAにかわりますが、上皮細胞をまもって、よく育つようにしてくれます。

目の視力を調節する働きもしてくれるので、目の健康にとても役に立ちます。

小松菜には、β-カロテン、ビタミンC、カルシウム、鉄が多くふくまれています。

ビタミンCは、たんぱく質と一緒になると、免疫力を高めて、風邪などの病気にかかりにくくしてくれます。

カルシウムは歯や骨などをつくってくれます。

鉄は、貧血になるのを防ぎ、食べ物の栄養素の燃焼に役立ちます。

れんこんには、ビタミンCとポリフェノールがふくまれ、ポリフェノールにはけがをしたとき、血をとめる働きがあります。

また、野菜には食物繊維が多くふくまれているため、腸の働きをととのえてくれます。うんちがよくでるようにしてくれるのです。

とうもろこしのつぶが…

ぽこぽこポップコーン

ポップコーンになっちゃった！

✽ つかうもの

＊ちゅうい
ポップコーン用のとうもろこしは、
爆粒種（ばくりゅうしゅ）タイプです。
ふつうのとうもろこしを乾燥させても、
ポップコーンはできません。

ポップコーン用乾燥とうもろこしのつぶ　大さじ1杯

はば12cm長さ23.5cm
サイズの紙ぶくろ

✽ つくりかた

1

紙ぶくろの口をあけ、乾燥とうもろこしのつぶを入れる。

2

まず口をおり、その次に、
ふくろのまん中のところで二つおりにする。

3

パンパンというにぎやかな音がするよ。

とうもろこしの入っている方を上にして、
電子レンジで1〜2分加熱する。

4

音がしずかになったら、とりだす。

? どうして、ポップコーンになったの？

とうもろこしの粒は、1粒ずつが、固く乾燥した皮につつまれています。
電子レンジで熱をくわえると、中の水分が100℃になって、水じょう気にかわり、
圧力が生まれ、内部から飛び出してしまうのではじけるのです。
はじけたものがポップコーンです。

！ とうもろこしはこんなにすごい！

大さじ1杯の乾燥とうもろこし（とうもろこしのもと）に約1.1gの食物繊維が入っています。
便秘にとってもききますよ。

マフィンのぼうしやさん

ずらーり、いろんなぼうし。

だれがいちばんかっこいい？

✲ つかうもの…カップ1個分

✲ どうぐ
直径5cm高さ4cmのミニカップ

ホットケーキミックス粉　大さじ4杯

牛乳　大さじ2杯

＋

ココア　小さじ1／2杯

ココアマフィンをつくるときに加える。

その他　マーガリン

✲ つくりかた

1

小さめの紙コップにマーガリンをうすくぬる。

2

1にホットケーキミックス粉を入れて、牛乳をくわえる。

3

はしでなめらかになるまでまぜる。ラップをふんわりかける。

4

電子レンジのターンテーブルにわりばし2ぜんをならべ、2をわりばしのはしにのせる。

ターンテーブルがないレンジのときはまん中におこう。

5

電子レンジ600Wも500Wも30秒かける。

* つかうもの

卵　1個

砂糖　大さじ1杯

* つくりかた

1

平らなお皿では、できないよ。
カップに卵と砂糖を入れて、かきまぜる。

2

ラップをかけないで、電子レンジ（600Wも500Wも）に1分くらいかけよう。

 どうして、もくもくふくらんだの？

電子レンジにかけると、卵の中の水分が水じょう気にかわって、大きくふくらむよ。
だから、卵はカップの中を、上へ上へふくらんでいくんだ。

ゆでたまご おめめ

おめめがそろう？　おめめがそろわない？

おめめが
そろうように、
きれいなゆでたまごの
かおをつくってみよう。

＊つかうもの　　卵3個　お水（卵の個数＋おなべの分）で大さじ4杯。

＊つくりかた

1 
ティッシュでエッグスタンドを作っておなべのそこにおく。とがっている方を下にして卵をエッグスタンドにたてる。

2 
お水を入れて、ふたをして、強い火にかける。

3
コトコトゆげがでてきたら、弱い火にする。

＊ゆでたまごをつくる時のちゅうい
お湯に卵をちゃぽんといれては、いけません。
お水から強い火で12分でゆでましょう。

3分であけると…　半じゅく卵
7分であけると…　7分じゅく卵
12分であけると…　ゆでたまご

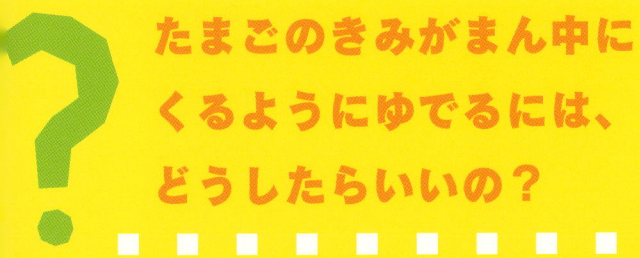

？たまごのきみがまん中にくるようにゆでるには、どうしたらいいの？

てづくりエッグスタンドでゆでるといいよ。

＊てづくりエッグスタンドって？

ティッシュを2枚かさねて、4つにたたみ、両手にもってねじります。
ポチャンとお水に入れてぬらし、2本のお指にぐるぐるまきつけて、できあがりです。

ポテトおもち

すりおろしたジャガイモが
ねっとりして…

おもちみたいになったよ！

✳︎ つかうもの

- じゃがいも
- きな粉　砂糖 
- すりごま 
- のり 
- グリーンピース 
- 梅干し 

✳︎ どうぐ

お皿　スプーン

❓ どうして、じゃがいもがおもちになったの？

じゃがいもを電子レンジでチンすると、
ごはんよりねばりが強くなります。
じゃがいもの中にふくまれるでんぷんには、
ねばる力が強くあるからです。
そのため、食べたかんじも、もち米から
作るおもちのようになります。

✳︎ つくりかた

1　生のじゃがいも1個の皮をむき…、すりおろす。

2　ふんわりとラップをかけ、3分電子レンジでチンする。

3　スプーンですくって、クッキングペーパーの上で形をととのえる。のりやごまなどでおかおをつくろう。

4　（そのほかのおいしいたべかた）
あついので気をつけてね。 
スプーンですくって、砂糖を入れたきな粉にのせてまぶそう。
すりごまに砂糖をまぜたものをまぶしてもおいしいよ。

てづくりチーズ

ぎゅうにゅうにレモンをくわえると…

チーズになった！

I LOVE cheese♥

✲ つかうもの

牛乳 コップ2/3杯くらい

レモン 1/2個

✲ つくりかた

1 牛乳は、電子レンジ600Wで1分30秒〜2分加熱してかるく温めてレモン汁を入れると、早くかたまります。

牛乳をコップに入れる。レモンの汁をしぼって、くわえる。

2 酢を牛乳に入れても、ふわふわになるよ。酢もレモンのしぼり汁とおんなじ。すっぱいからね。

あつでのペーパータオルを水でぬらしてかるくしぼり、茶こしに広げてこす。

❓ どうして、チーズになったの？

牛乳は水とたんぱく質と、炭水化物と脂肪でできています。
牛乳に、レモンの汁をくわえると、すっぱさでたんぱく質どうしが
より集まってきて、水の部分とわかれてくるよ。

生クリームをようきにいれて
ぽしゃぽしゃふるよ。

さらにふると…
まっ白になっちゃった。

もっとふると…
あれれ？

てづくりバター

ふしぎふしぎ！
きいろいかたまりと
白い水にわかれたよ！

バター

バターミルク

＊つかうもの

生クリーム　1パック
(牛乳でできた生クリームで、しぼうが38％以上のもの)

ふたつきようき　450ml以上入るもの

＊つくりかた

1 ようきに生クリームを入れ、ふたをしっかりしめる。

2 しっかり、いっしょうけんめいふる。

3 だんだんまっ白くなるよ。

4 テーブルにタオルをしいて、びんをトントンとうちつけて、少しまつ。
びんのそこにまっ白にたまってくるよ。

5 また、いっしょうけんめいふる。

6 黄色のかたまりと白っぽい汁にわかれた！

＊ ためしてみよう

のこった白いお水でおいしい飲み物ができるよ。
のこった白いお水をバターミルクといいます。
これに、レモンの汁やお酢をまぜると、
おいしいジュースのもとになります。
冷たいお水で3〜4ばいにうすめてのもうね。

＊つかうもの　　バニラエッセンス　少々

バターミルク
84ｇ

砂糖
大さじ5杯

酢かレモン汁
大さじ1杯

? どうして、バターになったの？

生クリームは、牛乳からできていて、油のつぶつぶがお水の中にうかんでいます。
このつぶつぶは、光をうけてキラキラ光って、まっ白に見えるのです。どんどん、
ふっていると、つぶつぶのまくがやぶれて、油がいっしょにかたまって、
お水とわかれてしまうのです。その油のかたまりがバター。
バターにはからだがピンピン元気になるビタミンＡがたっぷりふくまれています。

チーズとバターはこんなにすごい！

牛乳とチーズ、バターは牛乳からつくられる同じなかまです。バターは牛乳の脂肪だけをあつめたものです。牛乳とチーズにはカルシウムとたんぱく質がたくさんふくまれています。カルシウムはたんぱく質といっしょに骨や歯をつくり、丈夫にしてくれます。育ち盛りのみなさんには、これから身体が大きくなって、運動をしていくのに、とても大切な栄養素です。でも牛乳やチーズには、カルシウムとたんぱく質を結びつけるビタミンDがふくまれていません。ビタミンDをたくさんふくんでいる、きのこやじゃこなどもいっしょにたべなくてはいけないのです。

まざらない のみもの

あれれ どうしてまざらないの？

＊つかうもの

グレナディンシロップ 　　コンデンスミルク 　　コーヒー 　　オレンジジュース

コンデンスミルク＋オレンジジュース
ものすごく甘いので、これは飲めません。

コンデンスミルク＋オレンジジュース
＋グレナディンシロップ
ものすごく甘いので、これは飲めません。

コンデンスミルク＋コーヒー

？ どうして、まざらなかったの？

コンデンスミルクは、牛乳に砂糖をたくさんいれて、煮つめたものです。
砂糖がたくさんはいっているので、とても重いのです。
ジュースよりずっと重いので、まざらずに下にしずむのです。

色がかわるこう茶

こう茶の色が…

いれたのは
はちみつ、レモン、
さあ、どっちがどっち？

うすくなった！

こくなった！

* つかうもの

こう茶　1杯 　　はちみつ　大さじ1～2杯　　　こう茶　1杯 　　レモン　1個

* つくりかた

こう茶の中にはちみつを入れるとこう茶の色がこくなった！

こう茶にはちみつを大さじ1杯入れて、かきまぜる。

こう茶の中にレモンを入れるとこう茶の色がうすくなった！

こう茶にレモンのスライスをいれて、かきまぜる。

？ どうして、こう茶の色はこくなったの？

こう茶のかおりや味のもとのタンニンとはちみつにふくまれる鉄がくっつくと、色が黒くかわるのです。それで、こい色になるのです。

？ どうして、こう茶の色はうすくなったの？

レモンのスライスを入れると、こう茶の色がうすくなった。レモンのすっぱさとこう茶のタンニンがくっつくと色がうすくなるのです。

うさちゃん ぷっかり メレンゲティー

こう茶の中にメレンゲでつくった
うさちゃんをいれると…
ぷかぷかぷか〜とういてるよ。

＊つかうもの

- 卵白1個分
- 砂糖大さじ2杯
- 砂糖づけのアンゼリカやチェリー 少し
- こう茶

＊つくりかた

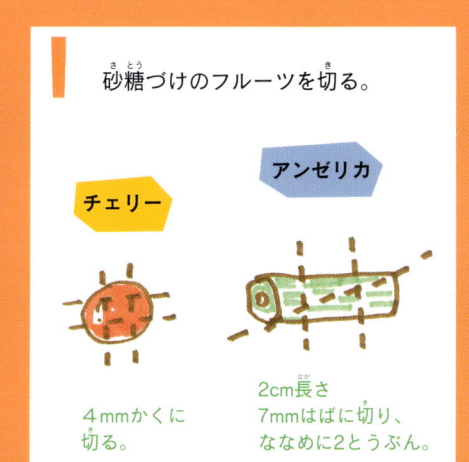

1 砂糖づけのフルーツを切る。

- チェリー：4mmかくに切る。
- アンゼリカ：2cm長さ7mmはばに切り、ななめに2とうぶん。

2 ボウルに卵白と砂糖大さじ1杯を入れて、しっかりあわだてる。のこりの砂糖もくわえてまぜる。

3 スプーンに2をべつのスプーンですくってこんもりとのせ、スプーンを水でぬらして、なでてなめらかにする。

4 アンゼリカの耳とチェリーの目をつけてウサギをつくり、あついこう茶にうかべる。

？ メレンゲってなあに？

卵白に砂糖をいれて、かきまぜると、空気がまざってあわがたくさんできます。この空気のあわにふれて、卵白のたんぱく質は変化してかたくなるのです。こうして、ふわふわにかたまったものがメレンゲなのです。

コップの中にメレンゲがあります。

ジュースをそそぐと…

むくむくむく！
メレンゲがのぼってきたよ。

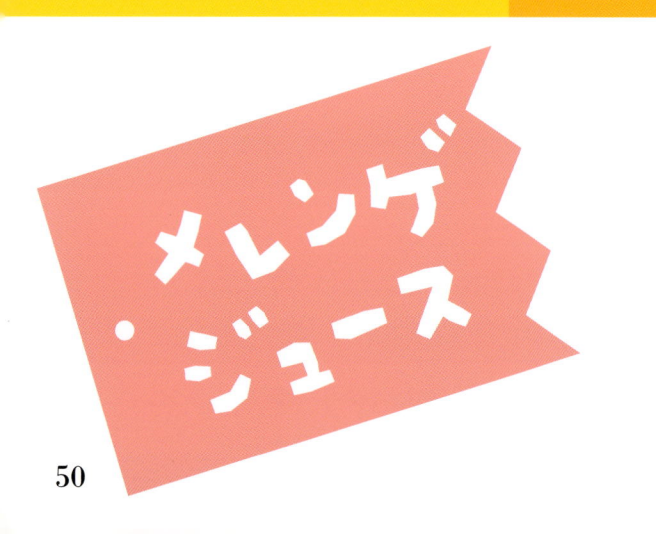

メレンゲ・ジュース

✱ つかうもの

卵白（らんぱく）
1個分

砂糖（さとう）
大さじ2杯（はい）

リンゴジュース　1杯（ぱい）
（オレンジジュースなど、
他（ほか）のジュースでもよい）

ぷっかりうかんだよ！

✲ つくりかた

1 ボウルに卵白（らんぱく）と砂糖（さとう）大さじ1杯を入れて、しっかりあわだてる。のこりの砂糖もくわえてまぜる。

2 スプーンを水でぬらして、メレンゲをすくい、グラスに入れる。メレンゲの上からジュースをそそぐと、メレンゲがむくむくのぼって上になる。

❓ どうして、メレンゲはうかんだの？

卵白（らんぱく）を泡立（あわだ）てると、空気（くうき）の泡（あわ）がたくさん混（ま）ざります。気泡（きほう）が入ったぶんだけ軽（かる）くなっているので、液体（えきたい）の上にうかぶのです。

おどれたこくん

じっとしているソーセージのたこくんが…

おどりだしちゃう！

✳︎ つかうもの

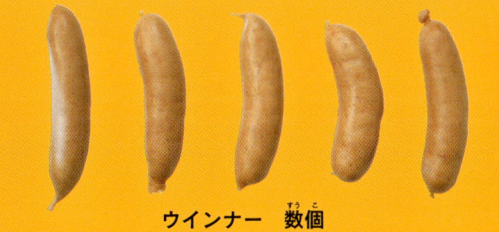

ウインナー 数個（すうこ）　　ごま

✳︎ つくりかた

1 ウインナーをたて半分（はんぶん）に切（き）る。

2 さらに足（あし）を4つに切（き）る。

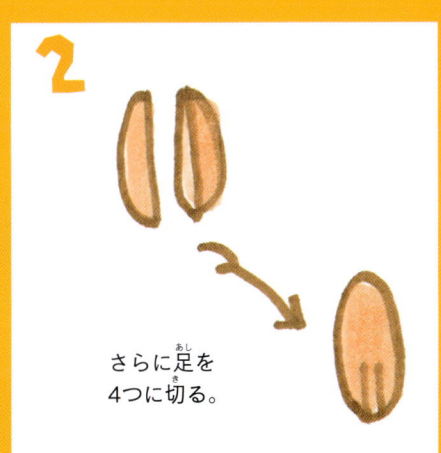

3 油（あぶら）をしいて、フライパンで焼（や）く。

ごまをつけて、目（め）をつくる。

✳︎ ためしてみよう

にっこりウインナー

1 ウインナーをたて半分（はんぶん）に切（き）り、まんなかに切（き）りこみを入れる。

2 油（あぶら）をしいて、フライパンで焼（や）く。

ごまをつけて、目（め）をつくる。

パンのおかお

いろんなパンのおかお。
パンにおえかきしちゃおう。

おとうさんに にてるかな？

にっこり げんきだよ！

わっはっは！

おえかき

ふでにレモンの汁をつけておえかきしよう。

オーブンで加熱すると…
パンにかおができちゃうよ。

＊つかうもの

食パン　　レモンの汁

いろんなかおで
おはなししましょ。

❓ どうして、パンにかおができたの？

それは、パンにレモンの汁がついたところは、汁の水分のせいでこげなかったためです。

また、レモンの汁にふくまれるすっぱさがパンの生地のフラボノイド色素（黄色です）を白くします。

この2つの理由でパンはこげなかったのです。パンの生地がこげるのは、生地にふくまれる糖分のためです。

スィートポテト

さつまいもを
レンジでチンすると…
あまーいスイートポテトになった！

🥄 レンジの強でチンしたもの

あまくない。

🥄 レンジの弱でチンしたもの

あまい。

* つかうもの

さつまいも　1本
（250gから300gくらい）

* つくりかた

？ どうして、あまくなったの？

電子レンジの弱で加熱すると、ゆっくり火が通ることで、さつまいもにふくまれている糖化型アミラーゼ（デンプン分解酵素）がムクムクと目をさまし、デンプンを甘い麦芽糖に変えていくためです。

1 250〜300gぐらいの大きさのものをつかったほうがいいよ。
さつまいもの重さをはかる。

2 さつまいもをあらう。

3 こうすると、はれつしないよ。
水でぬれたさつまいもをフォークで3回つく。

4 しんぶん紙の1/4枚にのせて、くるくるまき、りょうはしをねじる。

5 電子レンジのターンテーブルにわりばし2ぜんをおいて、4のさつまいもをのせる。
電子レンジの弱のボタンで加熱する。

6 さつまいも100gで
200Wなら6分
170Wなら7分
150Wなら8分加熱する。
1本300gで18〜24分。
ほっくりわってたべましょう。

てづくりアイス

どろどろくんが…

1時間(じかん)でアイスになっちゃった！

そのひみつは しお でした。

**? どうして、
すぐにアイスクリームになったの？**

びんの中の材料がこおる温度は、マイナス２０℃です。
びんのまわりにおいた氷に塩をかけると
氷がとけるとき、塩が熱を吸収するのです。
そのため、温度がぐーんとさがって、アイスクリームになったのです。

✳︎ つかうもの… 2人分

牛乳　100ml
卵黄　1個分 
砂糖　大さじ2杯 
バニラエッセンス　少し
氷　500g
塩　200g

✳︎ どうぐ

ふたのついた
ようりょう200mlくらいの
広口びん

✳︎ つくりかた

1 広口びんに、牛乳、卵黄、砂糖、バニラエッセンスを入れてまぜる。

2 大きめのボウルに1のびんをおき、氷をまわりにおいて塩をふる。

塩は全体にまんべんなくかけるようにしよう。

3 15分ごとに内がわにはりついたアイスクリームをスプーンでかきおとす。

何度かくりかえすと、はやくアイスができるよ。

4 3を何度かくりかえすと、30分から1時間で、できあがり。

ためしてみよう

オレンジジュースやりんごジュースを150ml、コップに入れて、アイスのときと同じように氷と塩で冷やしてみると、約1時間でシャーベットになるのです。いろんなシャーベットをつくってみよう。

オレンジジュース

りんごジュース

オレンジシャーベット

りんごシャーベット

やさいでつけもの

ぱりぱり

やさいにしおをくわえると…

おつけものになった！

しんなり…

＊つかうもの

きゅうり　1本
にんじん　1/2個（5cm長さのたてわり）
だいこん　1/2個（5cm長さのたてわり）

お酢　小さじ2杯
塩　小さじ1杯
砂糖　大さじ1杯
水　大さじ3杯

＊つくりかた

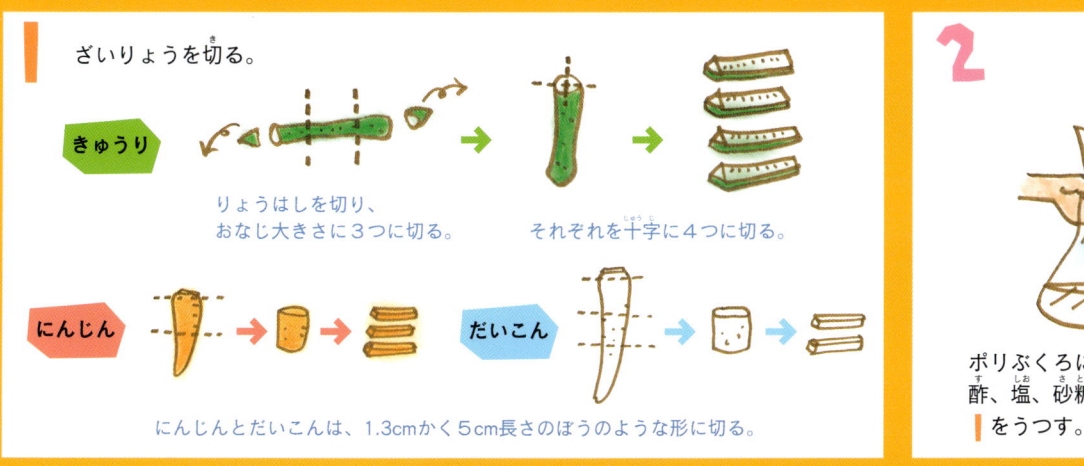

1 ざいりょうを切る。

きゅうり：りょうはしを切り、おなじ大きさに3つに切る。それぞれを十字に4つに切る。

にんじん、だいこん：にんじんとだいこんは、1.3cmかく5cm長さのぼうのような形に切る。

2 ポリぶくろに酢、塩、砂糖、水をくわえ、①をうつす。口をかるくとじる。

3 ふくろの外からもむ。すこし、しんなりしたら、できあがり。

? どうして、おつけものになったの？

きゅうりやにんじん、だいこんなどの95％は水分です。切ってポリ袋に入れて、塩をくわえて、袋の外からもむと、塩が野菜の細胞の中に入りこみ、中の水分を引きだして、お漬け物になるのです。

監修者：村上 祥子（むらかみ さちこ）
料理研究家。管理栄養士。公立大学法人福岡女子大学客員教授。
1985年より福岡女子大学で栄養指導講座を担当。
治療食の開発で、油控えめでも一人分でも
短時間においしく調理できる電子レンジに着目。
以来、研鑽を重ね、電子レンジ調理の第一人者となる。
"食べる"総合的学習として教育現場で
子どもたちに「お弁当の日 実習教室」を、
3才児には「ミニシェフクラブ・親子クラス」を、
シニア向けには「1人分でもおいしくできる一汁二菜」など、
健康な食生活・食べる力をつけることへの提案に情熱を注ぐ。
著書に『電子レンジ簡単レシピ100＋』（永岡書店）、
『料理家 村上祥子式 78歳のひとり暮らし ちゃんと食べる！
好きなことをする！』（集英社）、『勉強の前に、まずごはん』
（全国学校給食協会）など多数。
『60歳からはラクしておいしい頑張らない台所』（大和書房）は、
料理レシピ本大賞2020エッセイ賞を受賞。
出版した単行本は1291万部。福岡女子大学にある「村上祥子
料理研究資料文庫」の50万点の資料は一般公開中。
空飛ぶ料理研究家・村上祥子のホームページ・http://www.murakami-s.jp

デザイン・レイアウト　La ZOO
イラスト　　伊豆村真里　お料理の作り方イラスト全て
　　　　　　p.yuqi　　1p,4p,21p,38p,46pイラスト
表紙写真　　宮内伸比古
本文写真　　渡辺七奈
協力　　　　きたがわめぐみ
調理協力　　柿崎朋子,須川佳映,古城佳代子,大島吏加

２００６年４月１日初版　　２０２５年１月３０日５刷発行
監修　　村上祥子
発行所　　株式会社教育画劇　発行者　岩本邦宏
〒１５１－００５１
東京都渋谷区千駄ヶ谷５－１７－１５
営業部　０３－３３４１－３４００
編集部　０３－３３４１－１４５８（松田幸子）
印刷・製本　瞬報社写真印刷株式会社
ISBN 978-4-7746-0698-9　C8677
Published by kyouikugageki.co.Ltd
©2006 Sachiko Murakami All rights reserved.
Printed in Japan